ALBERT SALUMU

« JESUS-CHRIST, DIEU OU FILS DE DIEU ?»

ALBERT SALUMU

« JESUS-CHRIST, DIEU OU FILS DE DIEU ?»

(Volume 1)

Éditions Croix du Salut

Imprint

Any brand names and product names mentioned in this book are subject to trademark, brand or patent protection and are trademarks or registered trademarks of their respective holders. The use of brand names, product names, common names, trade names, product descriptions etc. even without a particular marking in this work is in no way to be construed to mean that such names may be regarded as unrestricted in respect of trademark and brand protection legislation and could thus be used by anyone.

Cover image: www.ingimage.com

Publisher:
Éditions Croix du Salut
is a trademark of
Dodo Books Indian Ocean Ltd. and OmniScriptum S.R.L publishing group

120 High Road, East Finchley, London, N2 9ED, United Kingdom
Str. Armeneasca 28/1, office 1, Chisinau MD-2012, Republic of Moldova, Europe
Printed at: see last page
ISBN: 978-620-6-17067-9

« JESUS-CHRIST, DIEU OU FILS DE DIEU ?»

(Volume 1)

Evangéliste ALBERT SALUMU

« Jésus-Christ, Dieu ou Fils de Dieu ? »

(Volume 1)

Par Evangéliste Albert SALUMU
evangalbert7@gmail.com
+243977722766

ÉPIGRAPHE

« Celui qui possède véritablement la vérité n'éprouve pas le besoin de la prouver. »

L'auteur

SOMMAIRE

DEDICACE

Cet ouvrage est dédié :

Je dédie cet ouvrage à l'apôtre Esaïe LUKWESA, dont l'influence et ses enseignements ont été des fondements essentiels de ma vie.

C'est grâce à Lui que j'ai pu acquérir tant de connaissances et de sagesse.

Par la grâce de Dieu, tout ce que j'ai appris chez lui m'a permis de le mettre en pratique de manière significative, m'inspirant ainsi à rédiger cet ouvrage.

Je vous dédie ce livre cher apôtre Esaïe, pour votre guidance précieuse et votre mentorat inestimable.

L'auteur

REMERCIEMENT

Je tiens tout d'abord à exprimer ma profonde gratitude envers Dieu, sans lequel ce moment n'aurait jamais pu être possible.

Mes remerciements vont tout particulièrement à ma meilleure amie, Jemima LUBAKA, dont le soutien inestimable a été essentiel à l'écriture de ce livre. Sa capacité à organiser mon temps m'a permis de me concentrer pleinement sur l'écriture, et je lui en suis profondément reconnaissant.

Je souhaite également adresser mes sincères remerciements à la famille SALUMU pour la confiance qu'elle a placée en moi. Votre encouragement a été une source de motivation continue.

À mon compagnon de lutte, mon frère Pathy MWAMBA, ta solidarité et ton soutien indéfectibles m'ont accompagné tout au long de ce parcours.

Je ne saurais oublier le frère Jean MUKENGE, dont l'amitié et le soutien ont été inestimables.

Enfin, un remerciement tout particulier au Pasteur Daniel EBONDO, qui demeure pour moi un véritable ange envoyé du ciel. Votre guidance et vos conseils spirituels ont eu un impact profond sur ma vie.

A l'entreprise TTM Sarl et son personnel, pour avoir facilement accepté l'Edition et la diffusion de tous mes ouvrages, trouver ici ma reconnaissance.

A tout le peuple de Dieu qui bénéficie de notre ministère via les médias sociaux qui constitue pour moi une source d'encouragement.

Merci infiniment à tous.

L'auteur

CONTENU

Plusieurs personnes, face à cette question, ont tendance à répondre sur la base des analyses. Il est important de reconnaître que la confusion qui a longtemps résidé dans le cœur des chrétiens n'a pas commencé aujourd'hui. Même Jésus-Christ a posé cette question à ses disciples : « Qui dit-on que je suis ? » Ils répondirent : « Jean-Baptiste ; les autres, Élie ; d'autres encore, l'un des prophètes. » Puis il leur demanda : « Et vous, qui dites-vous que je suis ? »

Jésus s'en alla avec ses disciples dans les villages de Césarée de Philippe, et il leur posa en chemin cette question : « Qui dit-on que je suis ? » Ils répondirent : « Jean-Baptiste ; les autres, Élie ; d'autres, l'un des prophètes. » Et vous, leur demanda-t-il, qui dites-vous que je suis ? Pierre lui répondit : « Tu es le Christ. » (Marc : 8 : 27-29)

Cette confusion n'a donc pas commencé aujourd'hui. Même ceux qui ont vécu avec Jésus n'ont pas pu saisir pleinement la vraie nature de Jésus-Christ. Parmi les apôtres, il n'y a qu'une seule personne qui a répondu à cette question : Pierre. Sa réponse, « Tu es le Christ », a suscité une réaction particulière de la part de Jésus. Cela montre que cette question ne peut être répondue que par révélation divine. Jésus a dit à Pierre : « *Ce ne sont pas la chair et le sang qui t'ont révélé cela* », car les autres apôtres avaient répondu sur la base de ce qu'ils avaient entendu ou vu de lui. Mais Pierre a répondu par révélation.

Je conclus donc en affirmant que cette question ne peut être abordée que par révélation. Après que Pierre ait répondu, Jésus-Christ a sévèrement recommandé de ne dire à personne sa vraie nature, comme pour signifier qu'il ne souhaitait pas que sa véritable identité soit mise au grand jour.

Par la bonté de Dieu, j'ai eu la grâce de porter cette lourde tâche de vous expliquer par écrit les vérités révélées sur la nature de Jésus-Christ, afin que les chrétiens ne vivent plus dans la confusion qui a perduré durant tant de temps.

Je vous prie donc de prendre quelques minutes de prière, afin qu'en lisant cet ouvrage, vous parveniez à comprendre les Écritures ainsi que la révélation qui leur est attachée. Je vais, par la vertu du Saint-Esprit, répondre à la question : Jésus-Christ est-il Dieu ou Fils de Dieu ? Selon ce que le Seigneur m'a révélé.

Avant la venue de Jésus-Christ, plusieurs prophètes de l'Ancien Testament avaient annoncé son arrivée. Je vais donc citer quelques versets pour que vous puissiez mieux comprendre.

Jésus-Christ est appelé chez les musulmans « Issa ibn Maryam », c'est-à-dire « Jésus, fils de Marie », car cela vise à contester la filiation chrétienne qui affirme que Jésus-Christ est le Fils de Dieu. Le Coran met l'accent sur l'humanité de Jésus-Christ, le présentant comme l'un des plus grands prophètes. Nous constatons également cette confusion dans le christianisme, car plusieurs religions présentent Jésus-Christ selon leurs propres croyances. Mais en tant que chrétiens, devons-nous également vivre dans l'incertitude quant à la personne que nous avons décidé de suivre ?

J'ai longtemps côtoyé des musulmans, des branamistes, des kimbanguistes, et chacun d'entre eux défend fermement sa croyance, parfois jusqu'à tenter de séduire. Cependant, il semble que ce soient les chrétiens qui, jusqu'à présent, ne connaissent pas en profondeur qui est Jésus-Christ. Voilà pourquoi ce livre a été écrit, afin que chaque chrétien puisse affirmer sa foi sans être trompé par de fausses interprétations des Écritures.

Nous n'allons pas nous fonder sur nos propres expériences, mais tout ce que nous dirons proviendra de la Bible, accompagné de l'inspiration du Saint-Esprit, afin qu'après lecture, nous ne soyons plus dans la confusion et que nous puissions être fiers de notre croyance.

Commençons donc par le début, c'est-à-dire par la création, pour comprendre pourquoi Jésus-Christ était obligé de descendre sur terre et quelle était la nécessité de cette venue, afin que nous puissions ensemble appréhender la position exacte de Jésus-Christ, s'il est véritablement Dieu ou Fils de Dieu.

INTRODUCTION

Lisez attentivement cette histoire pour bien comprendre, car si vous ignorez cette partie, la suite vous sera difficile à saisir. Dieu créa Adam et Ève pour qu'ils vivent éternellement dans le jardin, étant maîtres de tout ce qui vit sur la surface de la terre. Cependant, il leur donna une instruction : ne pas toucher à l'arbre de la connaissance du bien et du mal (Genèse 2:16-17). Au fil du temps, le serpent vint séduire la femme afin de la pousser à désobéir à la parole de Dieu (Genèse 3:1-6). Finalement, ils désobéirent tous deux à la parole de Dieu, et ensuite, Dieu chassa Adam et sa femme du jardin pour qu'ils cultivent la terre.

L'histoire prend un tournant intéressant lorsque Dieu dit à l'homme : « Si tu manges de cet arbre, tu mourras. » Étrangement, après avoir mangé de cet arbre, Adam vécut 930 ans (Genèse 5:5). La question que nous devons tous nous poser est : Dieu a-t-il menti en disant que si tu manges, tu mourras ? Comprenons ceci : avant que le corps d'Adam ne soit formé, un Adam avait déjà été créé. Lisons ensemble : « Puis Dieu dit : Faisons l'homme à notre image, selon notre ressemblance, et qu'il domine sur les poissons de la mer, sur les oiseaux du ciel, sur le bétail, sur toute la terre, et sur tous les reptiles qui rampent sur la terre. » (Genèse 1:26).

Ce verset nous affirme que l'homme créé ici n'est pas un homme de chair, mais un homme esprit, car nous sommes tous à l'image de Dieu par rapport à notre esprit et non à notre chair. Pour comprendre cela, lisons : « L'Éternel Dieu forma l'homme de la poussière de la terre, et il souffla dans ses narines un souffle de vie, et l'homme devint un être vivant. » (Genèse 2:7).

Il y a donc deux termes à considérer : créé et formé. La chair de l'homme a été formée, mais son esprit a été créé à l'image de Dieu. Maintenant, qui est mort entre l'Adam formé et l'Adam créé ? La réponse est simple : c'est l'esprit d'Adam qui est mort. Ainsi, Adam continua à vivre dans son corps, avec la vie que l'on appelle en grec **bios** (vie du corps), mais il avait perdu la vie appelée en grec **zoé** (vie de l'esprit). Après cela, il n'y avait plus de communication entre l'homme et Dieu. L'homme pouvait donc vivre, mais sans avoir accès à la vie éternelle.

Je suis sûr que cette histoire a éveillé la conscience de certaines personnes. En résumé, l'être humain avait perdu la capacité de vivre éternellement. Nous avons compris que la nécessité ici était la vie éternelle (la **zoé**). Maintenant, il fallait qu'il y ait quelqu'un pour redonner à l'être humain la vie éternelle selon l'esprit. La question demeure : qui peut rendre à l'homme la vie éternelle sinon celui qui l'a donnée au départ ? Dieu avait prévu que nous puissions vivre éternellement sur terre. L'homme ne donne que ce qu'il possède ; je suis le fils de mon père biologique parce qu'il m'a transmis ce qu'il possède, la vie de la chair, le **bios** (vie du corps).

Alors, qui devrait donner la vie éternelle, sachant que sur terre personne n'est éternel ? Voilà donc la nécessité d'un être possédant en lui la vie éternelle, la **zoé,** afin de donner aux hommes la vie éternelle.

PROPHETIE

Après un long moment de silence, Dieu, par ses prophètes, annonce l'arrivée d'un être dont tout l'Ancien Testament parle. Lisons ensemble : « C'est pourquoi le Seigneur lui-même vous donnera un signe : Voici, la jeune fille deviendra enceinte, elle enfantera un fils, et elle lui donnera le nom d'Emmanuel. » (Esaïe 7:14).

La prophétie du livre d'Esaïe nous annonce la venue d'un être à qui l'on attribue déjà un nom divin : Emmanuel, un nom hébreu qui signifie « Dieu parmi nous » ou « Dieu avec nous ». Comprenons aussi que dans la Bible, lorsque l'on parle de Dieu, la première lettre commence toujours par une majuscule, même si le mot se trouve à la fin de la phrase, ce qui indique que celui dont on parle est toujours supérieur, peu importe la position qu'il occupe.

Cet être divin viendra habiter parmi nous. La Bible parle de l'humanité en général, mais cet être aura une mission bien précise. Si vous vous rappelez bien l'histoire d'Adam, nous avons dit que l'homme pouvait vivre charnellement sans avoir accès à la vie éternelle, c'est-à-dire la vie de l'esprit. Il était donc nécessaire de résoudre cette situation en redonnant à l'esprit de l'homme la vie éternelle, comme cela avait été le cas lors de la création de l'homme. Je pense que jusqu'à présent, vous avez une idée de la nécessité absolue de sauver l'esprit de l'homme.

Lisons maintenant un autre verset qui nous rassure quant au fait que l'être qui devait habiter parmi nous était bien Dieu le Créateur : « Car un enfant nous est né, un fils nous est donné, et la domination reposera sur son épaule. On l'appellera Admirable, Conseiller, Dieu puissant, Père éternel, Prince de la paix. » (Esaïe 9:6).

Je tiens à signaler que les écrivains de la Bible savaient bien faire la différence entre les mots lorsqu'il s'agissait de parler de Dieu. Le livre d'Esaïe que nous venons de lire nous annonce les noms attribués à cet être. En lisant, j'ai compris que ces attributs ne peuvent être reliés qu'au Dieu Créateur. Comme je l'ai mentionné, ceux que Dieu a inspirés savent faire la différence entre « Dieu » avec un D majuscule et « dieu » avec un d minuscule. Ainsi, un « Dieu » avec un D majuscule fait allusion au Dieu Créateur.

Le verset parle d'un « Dieu puissant », ce qui désigne donc clairement le Dieu Créateur. Comprenons également que le mot « Père » utilisé ici est différent de celui que nous employons pour parler de notre père biologique. En effet, le terme « pater » signifie créateur ou « notre Père ».

Rappelez-vous que lorsque Jésus enseignait à ses disciples à prier, il leur disait : « Notre Père » (Luc 11:2), ce qui signifie notre Créateur. De plus, lorsque Jésus dit de ne pas appeler quelqu'un père (Matthieu 23), cela signifie qu'il ne faut appeler personne créateur, car seul Dieu est notre Créateur.

Je crois que vous venez de comprendre que l'être qui devait descendre est Dieu le Créateur. Vous pourriez vous demander : qu'est-ce qui prouve que l'être qui allait descendre est Jésus-Christ ? Nous allons aborder cela doucement afin que nous soyons tous convaincus, car c'est l'objectif de cet écrit : que chaque chrétien comprenne la position exacte de Jésus-Christ, celui que vous avez accepté de suivre.

Essayons de résumer avant d'aller plus loin : tout ce que nous venons de dire précédemment a pour but de vous faire croire que la prophétie parlait d'un être divin qui devait descendre et faire sa demeure parmi les humains. Si vous n'avez pas compris, prenez le temps de relire, car l'étape qui va suivre n'est que l'accomplissement de ce que nous venons d'expliquer à propos de la prophétie et bien d'autres éléments.

ACCOMPLISSEMENT

Nous vous avons expliqué les deux livres majeurs de l'Ancien Testament qui parlent de la venue d'un être qui, jusqu'alors, reste un mystère, mais qui sera révélé tout au long de notre livre. Chacun saura qui est celui dont les prophètes de l'Ancien Testament ont annoncé l'arrivée.

Passons maintenant aux livres où la prophétie s'est accomplie, c'est-à-dire dans le Nouveau Testament. Lisons ensemble :

« Au commencement était la Parole, et la Parole était avec Dieu, et la Parole était Dieu. Elle était au commencement avec Dieu. Toutes choses ont été faites par elle, et rien de ce qui a été fait n'a été fait sans elle. En elle était la vie, et la vie était la lumière des hommes. La lumière luit dans les ténèbres, et les ténèbres ne l'ont point reçue. » (Jean 1:1-5).

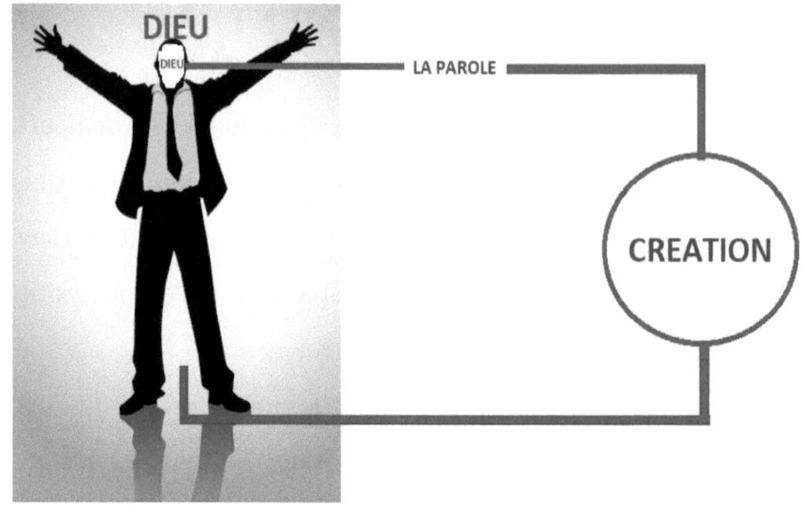

Avant de progresser, essayons de comprendre l'image qui illustre mieux le verset. Dieu est dans sa gloire, mais sa Parole a créé l'univers avec tout ce qu'il renferme. Ce que le verset de Jean veut nous faire comprendre ici, c'est que la Parole qui a tout créé était elle-même Dieu. La Parole représente l'identité d'une personne, c'est cette personne elle-même. Pour nous, humains, nous pouvons reconnaître une personne uniquement à sa voix, donc à sa Parole.

La Parole, en elle-même, n'a pas le pouvoir de créer, de bénir ou de maudire. Ce qui fait que la Parole ait un effet sur une personne, c'est l'esprit qui accompagne cette Parole. Ainsi, dans le « Dieu dit… » de la Genèse, c'était la puissance de Dieu lui-même qui se trouvait derrière sa Parole pour rendre possible ce qu'il avait dit.

Nous savons tous que l'homme ne peut pas se dissocier de sa parole, c'est impossible. En lisant le verset de Jean, j'ai compris une chose très importante : le verset dit que la Parole était avec Dieu… et la Parole était Dieu.

POURQUOI LA PAROLE ETAIT AVEC DIEU ?

Cette question nous fait réfléchir, mais je veux y répondre en vertu du Saint-Esprit de Dieu. En lisant le chapitre 1 de Jean, vous comprendrez que la Bible cherche à nous faire saisir une chose très capitale. Nous savons tous que c'est Dieu qui a créé tout sur terre. Maintenant, Jean nous fait comprendre que c'était la Parole qui avait tout créé et que cette Parole était avec Dieu.

Essayons de comprendre. Si l'on dit que la Parole était avec Dieu, cela implique que la Parole était une partie de Dieu qui pouvait se dissocier. Prenons cet exemple : nous ne pouvons pas dire qu'Albert était avec son âme à la fête si les deux choses n'avaient pas la capacité de se dissocier. Ainsi, en disant que la Parole était avec Dieu, cela nous fait comprendre que la Parole, qui est Dieu, pouvait quitter la dimension de la Parole pour devenir quelque chose d'autre.

Posez-vous cette question : si la Parole continuait à être Dieu, pourquoi le verset n'a-t-il pas dit « et la Parole est avec Dieu » pour signifier qu'elle continue d'être Dieu aujourd'hui ? L'une des raisons pour lesquelles le verset parle au passé (était avec) est que la Parole a cessé d'être avec Dieu. Nous ne pouvons utiliser le terme « était » que lorsque quelque chose ou quelqu'un subit une transformation. Par exemple : « Albert était vraiment malade. » En disant cela, celui qui reçoit l'information sait déjà qu'Albert était malade, mais au moment où l'on parle, il n'est plus malade. Sinon, nous dirions simplement qu'Albert est malade, ce qui expliquerait que la personne continue de l'être.

C'est le même processus lorsqu'on parle de la Parole qui était avec Dieu, comme pour dire qu'à l'heure où je vous parle, elle n'est plus avec Dieu. Cependant, une chose est certaine : la Parole d'une personne, c'est elle-même. Vous comprendrez que Jésus-Christ utilise des termes du genre « le Fils a reçu le pouvoir » ou « le Père a remis tout au Fils », parce que Jésus-Christ est la Parole faite chair, qui est donc Dieu.

POURQUOI LA PAROLE ETAIT DIEU ?

Si Dieu était encore aujourd'hui la Parole, le verset dirait « et la Parole est Dieu ». Tout cela n'est qu'une manière de nous faire comprendre, car en lisant Genèse 1:1 : « Au commencement, Dieu créa les cieux et la terre », nous voyons qu'au commencement de toutes choses, c'était Dieu. Lorsque Jean nous parle ainsi, c'est pour accomplir une prophétie en nous faisant comprendre que la Parole, qui est Dieu, va quitter la dimension de la Parole pour prendre la chair à la dimension d'homme, tout en étant Dieu (logos). Lisons Jean 1:14 : « Et la Parole a été faite chair, et elle a habité parmi nous, pleine de grâce et de vérité ; et nous avons contemplé sa gloire, une gloire comme la gloire du Fils unique venu du Père. »

Or, si nous revenons un peu en arrière, vous comprendrez que la Bible, dans le chapitre 1 de Jean, prépare notre esprit à comprendre que la Parole dont elle parle, c'est Dieu. Ainsi, dans le verset 14, cette Parole qui était Dieu s'est faite chair. Voilà pourquoi je vous ai dit que la Parole avait cessé d'être avec Dieu pour devenir quelque chose d'autre, et la Bible vient de le prouver. Allons plus loin : la Bible dit que cette Parole qui était Dieu et qui s'est faite chair est venue habiter parmi nous. Cela ne vous dit rien ? Revenons à la prophétie du livre d'Ésaïe, au chapitre 7, verset 14, où la signification du nom que portera l'enfant de la prophétie est Emmanuel (qui signifie « Dieu parmi nous »). Je crois que cela vous parle maintenant.

Il peut être difficile pour certains de comprendre. Permettez-moi de résumer avant de passer à autre chose. Nous avons commencé par deux livres prophétiques qui annoncent l'arrivée d'un être à qui l'on attribue des noms que l'on ne peut donner qu'à Dieu, mais qui viendra habiter parmi nous. En avançant, nous avons maintenant lu un livre du Nouveau Testament qui nous fait comprendre que Dieu a tout créé par la Parole et que cette Parole était elle-même Dieu. Donc, lorsqu'on parle de la Parole, on parle directement de Dieu, le Créateur. Dans Jean 1:14, la Bible nous dit que cette Parole qui était Dieu a donc pris la forme humaine et est descendue pour habiter avec les humains.

Mais je crois qu'à ce stade, vous avez encore des doutes en vous demandant : « Oui, on parle de Dieu, mais comment pouvez-vous affirmer que c'est Jésus-Christ ? » Allons doucement. Je pense que la partie qui vient de s'achever vous a révélé quelque chose. Nous allons nous appuyer uniquement sur des versets bibliques afin que, après cette lecture, nous puissions tous être capables de nous tenir debout et de parler de Jésus-Christ.

NAISSANCE DE JESUS-CHRIST

On parle de la naissance comme du moment où la Parole se détache de la dimension de l'esprit pour devenir chair dans la dimension des hommes, ce qui nous conduit à l'Évangile, c'est-à-dire Jésus-Christ. Parlons maintenant de la naissance de Jésus-Christ afin que nous puissions conclure s'il s'agit bien de lui dont parle la prophétie et Jean 1:14. Commençons ici :

« Au sixième mois, l'ange Gabriel fut envoyé par Dieu dans une ville de Galilée, appelée Nazareth, auprès d'une vierge fiancée à un homme de la maison de David, nommé Joseph. Le nom de la vierge était Marie. L'ange entra chez elle et dit : Je te salue, toi à qui une grâce a été faite ; le Seigneur est avec toi. Troublée par cette parole, Marie se demandait ce que pouvait signifier une telle salutation. L'ange lui dit : Ne crains point, Marie ; car tu as trouvé grâce devant Dieu. Et voici, tu deviendras enceinte, et tu enfanteras un fils, et tu lui donneras le nom de Jésus. » (Luc 1:26-31)

Chaque détail de la Bible est important pour comprendre les Écritures. Dans Ésaïe 7:14, la version Darby dit : « C'est pourquoi le Seigneur, lui-même, vous donnera un signe : voici, la vierge concevra et elle enfantera un fils, et appellera son nom Emmanuel. »

Je me demande : était-il important de mentionner que la jeune fille était vierge ? Au fait, OUI, parce que la Bible se complète. C'était pour que nous puissions comprendre que l'enfant qui allait naître est celui dont Ésaïe avait prophétisé, et cela était nécessaire pour que la prophétie se réalise.

Certaines personnes diront : mais comment l'ange donne-t-il le nom de Jésus, alors qu'Ésaïe donne le nom d'Emmanuel ? Commençons par comprendre les significations. Emmanuel signifie « Dieu parmi nous », tandis que Jésus (Jeshua) signifie « Dieu sauve ». Pensez-vous que c'est une contradiction ? En réalité, ces deux noms ne sont pas contradictoires, car ils expriment une même vérité : Dieu va habiter parmi nous pour sauver son peuple. Dans le livre de Jean 1:14, la Bible nous dit que la Parole est devenue chair et a habité parmi nous.

Si nous analysons la naissance de cet enfant que l'ange a annoncé à Marie, nous constatons quelque chose de miraculeux. Marie précise même à l'ange qu'elle n'a jamais connu d'homme, ce qui soulève la question de savoir comment un être humain peut venir de la semence de l'homme sans avoir connu de relation. La réponse de l'ange m'amène à croire avec une ferme conviction que l'enfant était bien la Parole faite chair de Jean 1:14, donc DIEU LE CRÉATEUR.

L'ange lui dit que c'est en vertu du Saint-Esprit qu'elle sera enceinte. Dans l'histoire de l'humanité, personne n'est venu au monde sans la fusion de deux personnes, hormis Jésus-Christ. Il a accepté de naître chez une femme, mais sans la semence de l'homme ; sinon, Jésus-Christ serait soumis à une loi générationnelle. En effet, dès qu'on naît dans une famille, on porte leur semence et on est directement soumis à leur généalogie. Dieu ne peut pas être soumis à une généalogie, sinon il serait soumis au temps des hommes. Voilà pourquoi il est venu sans la semence de l'homme.

Rappelez-vous que j'avais dit qu'il fallait qu'une personne portât en elle la semence de l'éternité pour venir donner aux hommes l'accès à la vie éternelle. J'avais également dit que l'homme ne donne que ce qu'il a. Ainsi, l'enfant né de la vierge Marie est la Parole, donc Dieu, ayant en lui la semence de l'éternité.

LES MAGES ET JESUS-CHRIST

Pendant que Marie était déjà enceinte, César Auguste ordonna un recensement de toute la terre. Chacun devait se faire inscrire dans sa ville. C'est ainsi que Joseph dut également se rendre à Bethléhem. Pendant qu'ils étaient là, le temps où Marie devait accoucher arriva, et enfin l'enfant naquit à Bethléhem. Cependant, un détail m'intéresse ici : pourquoi César ordonne-t-il le recensement juste au moment où Marie, enceinte, est prête à accoucher ?

J'ai toujours dit que chaque détail de la Bible est important. Il faut comprendre que lorsque Dieu fait une prophétie, il s'arrange toujours pour que sa parole soit exaucée. Lisons un verset afin de comprendre pourquoi Jésus est né à Bethléhem :

« Et toi, Bethléhem Éphrata, petite entre les milliers de Juda, de toi sortira pour moi Celui qui dominera sur Israël, et dont l'origine remonte aux temps anciens, aux jours de l'éternité. » (Michée 5:2)

Nous comprenons ainsi que Jésus-Christ est né à Bethléhem pour accomplir la prophétie du livre de Michée. Un roi sortira de Bethléhem, et Michée nous parle d'un roi dont les origines remontent aux temps anciens, aux jours de l'éternité.

Cela nous rassure encore que celui qui devait naître n'était pas un simple être humain, mais Dieu le Créateur, possédant en lui la vie éternelle. Prenons également le verset qui relate la parole de l'ange après la naissance :

« Mais l'ange leur dit : Ne craignez point ; car je vous annonce une bonne nouvelle, qui sera pour tout le peuple le sujet d'une grande joie : c'est qu'aujourd'hui, dans la ville de David, il vous est né un Sauveur, qui est le Christ, le Seigneur. » (Luc 2:10-11)

Si vous vous rappelez, Ésaïe, dans le chapitre 9 au verset 5, avait dit : « Car un enfant nous est né. » Et qu'est-ce que l'ange vient de dire ? « Il vous est né un Sauveur. » Or, l'ange avait déjà annoncé à Marie que l'enfant serait appelé Jésus, ce qui signifie « Dieu sauve ». Est-ce une coïncidence ? Je ne le crois pas. Tout cela était déjà bien écrit pour que l'humanité sache que Dieu, le Créateur, viendrait visiter son peuple avec pour mission de le sauver et de lui donner accès à la vie éternelle.

Essayons maintenant de comprendre l'attitude des mages pour apprendre encore quelque chose. Lisons :

« Quand ils aperçurent l'étoile, ils furent saisis d'une très grande joie. Ils entrèrent dans la maison, virent le petit enfant avec Marie, sa mère, se prosternèrent et l'adorèrent ; ils ouvrirent ensuite leurs trésors et lui offrirent en présent de l'or, de l'encens et de la myrrhe. » (Matthieu 2:10-11)

Les mages sont venus uniquement pour adorer Jésus-Christ. Pensez-vous qu'ils ignoraient qu'on ne se prosterne pas devant un être humain ? Ils le savaient très bien. Si malgré cela ils se sont prosternés, c'est parce qu'ils savaient que Jésus-Christ n'était pas un simple être humain. Bien qu'il ait pris la chair, il était en réalité le Dieu Créateur. L'or, l'encens et la myrrhe sont des offrandes destinées à une divinité ou à une autorité suprême.

Très chers frères et sœurs chrétiens du monde entier, nous entendons souvent dire que le christianisme est une religion. Cependant, le christianisme n'est pas une religion ; c'est une relation. Dans cette relation, nous devons faire des efforts pour être en communion avec la personne en qui nous avons cru, Jésus-Christ de Nazareth. Tout ce que nous venons de lire ici est une preuve que nous devons être capables de défendre notre relation avec Jésus-Christ.

Je ne m'arrête pas ici ; il y a encore plus à dire. Seule la Bible sera notre témoin, car tout ce que j'aurai à dire ou à affirmer sera soutenu par un verset biblique. Il est essentiel que nos affirmations ne soient pas fondées sur nos expériences personnelles, mais qu'elles soient le fruit d'une révélation divine. Lorsque c'est Dieu qui révèle, cela donne la vie, mais lorsque c'est nous, en tant qu'humains, qui écrivons, cela ne fait que renforcer la confusion déjà existante.

Dans un monde où les mensonges sont acclamés et où ceux qui prêchent mensonges sont propulsés, nous devons avoir soif de vérité. Malheureusement, toute personne se montrant juste et prêchant la vérité est souvent détestée. C'est ici que nous devons avoir le plus besoin de connaissance, afin que la génération à venir, que le diable prépare pour la perdition du plus grand nombre, ne puisse pas nous séduire. Le temps est très proche ; retenez ce que vous avez reçu de Jésus-Christ afin que cela ne vous soit pas enlevé. Car la mission primordiale du diable est de voler la couronne de plusieurs, afin qu'ils périssent avec lui en enfer.

POURQUOI JESUS ETAIT-IL APPELE FILS DE DIEU ?

L'ange lui répondit : « Le Saint-Esprit viendra sur toi, et la puissance du Très-Haut te couvrira de son ombre. C'est pourquoi le saint enfant qui naîtra de toi sera appelé Fils de Dieu. » (Luc 1 :35)

Nous savons tous que pour parler de « fils de... », il faut qu'il y ait un père qui dépose sa semence. Ainsi, un enfant qui naît sera considéré comme fils de cet homme-là parce qu'il porte sa semence. Maintenant, si un enfant naît sous l'onction du Saint-Esprit, sans avoir reçu de semence d'un homme, comment pouvons-nous le qualifier de fils de qui que ce soit ? Le verset que nous venons de lire nous explique pourquoi il sera appelé Fils de Dieu, car jamais dans l'histoire de l'humanité quelqu'un n'est né sous la puissance et l'ombre du Dieu Créateur, à l'exception de lui-même, lorsqu'il a voulu visiter la terre en se faisant homme.

Il est difficile de comprendre comment la semence d'un homme pourrait engendrer Dieu. Même lorsque la Bible parle de la généalogie de Jésus-Christ par rapport à son père adoptif Joseph, elle précise que, selon la croyance, il était considéré comme fils de Joseph, comme pour souligner que

Jésus-Christ ne vient pas de la semence d'un homme mais qu'il a été élevé dans la maison d'un homme, Joseph étant son père adoptif.

Jésus avait environ trente ans lorsqu'il commença son ministère, étant, comme on le croyait, fils de Joseph, fils d'Héli. (Luc 3 :23).

L'être humain est trinitaire ; il est composé de trois parties : l'esprit, l'âme et le corps. Toutes ces parties forment ce qu'on appelle un être vivant. En d'autres termes, si ces trois éléments ne sont pas réunis, on ne peut pas parler d'un être vivant. Maintenant, donnons un nom à notre image : nous l'appellerons Albert. Est-ce parce qu'Albert a trois parties qu'il a trois personnes en lui ? Ces trois parties ne forment-elles pas un seul corps pour une seule personne ? L'esprit d'Albert, l'âme d'Albert, le corps d'Albert ; malgré nos trois appellations, cela ne signifie pas qu'Albert devient une autre personne, c'est toujours lui, mais en trois dimensions.

Concernant la Trinité de Dieu, il s'agit du même principe que celui que je viens d'expliquer. Jésus est Fils de Dieu parce qu'il a quitté la dimension de Dieu le Père pour se faire homme et habiter parmi les hommes. C'est toujours Dieu, mais en trois dimensions, selon le mode opératoire. Après avoir vécu sur terre avec les humains de manière corporelle, il a décidé de rester auprès des hommes chaque jour, mais cette fois-ci en tant que Dieu le Saint-Esprit. Il a ainsi quitté la dimension de Fils de Dieu pour passer à la dimension où il pourrait être présent dans la vie de toutes les personnes qui acceptent sa nature de Fils de Dieu, c'est-à-dire Jésus-Christ de Nazareth.

Les trois dimensions forment un seul Créateur du ciel et de la terre. Sa Parole, qui était lui-même Dieu, a pris chair pour visiter sa création, tout en restant le Dieu puissant.

SI JESUS ETAIT DIEU, POURQUOI IL PRIAIT DIEU ?

Avant de répondre à cette question, essayons tous ensemble de comprendre pourquoi Jésus-Christ est venu sur terre. Si vous avez bien lu, j'ai dit que Jésus-Christ est venu redonner la vie éternelle que l'homme avait perdue, mais ce n'est pas tout. Jésus-Christ avait également une mission : apprendre à l'homme comment rester en relation avec Dieu. Souvenez-vous que lorsque l'homme a péché contre Dieu, Adam ne parlait plus avec Lui. Or, si une connaissance n'est pas transmise petit à petit, elle s'éteint avec cette génération. Dieu venait chaque soir pour parler à l'homme, donc Adam savait comment converser avec Dieu.

Si un père veut que son fils apprenne le métier qu'il exerce, il doit lui enseigner comment travailler avant sa mort. Si un enfant naît dans une maison où personne ne parle, même s'il a la capacité de parler, il restera muet, à moins qu'on lui explique comment s'exprimer. C'est exactement la même chose avec Jésus-Christ : nous sommes les enfants et il est notre Père. S'il veut nous voir prier, il doit aussi prier. J'espère que vous avez compris.

L'unique moyen de conserver une connaissance est de la transmettre à une autre génération, qui à son tour fera de même. Lisons :

« Jésus priait un jour en un certain lieu. Lorsqu'il eut achevé, un de ses disciples lui dit : Seigneur, enseigne-nous à prier, comme Jean l'a enseigné à ses disciples. » (Luc 11 :1)

Comprenons ceci : c'est lorsque le disciple a vu Jésus-Christ prier qu'il lui a demandé de leur apprendre à prier, comme Jean le faisait avec ses disciples. En d'autres termes, Jésus-Christ était un modèle pour la génération à venir. Aujourd'hui, si nous voulons encourager quelqu'un à prier et que nous montons à la montagne, en tant que chrétiens, nous utiliserons l'image de Jésus-Christ à la montagne pendant ses moments d'intimité. Admettons que Jésus-Christ ne priait pas ou ne montait pas à la montagne ; quel exemple pourrions-nous donner si celui que nous avons accepté n'a pas lui-même agi ainsi ? Donc, si nous prêchons cela, c'est parce qu'il y a quelqu'un qui l'a fait avant nous, et les disciples ont transmis cet enseignement jusqu'à notre génération.

Il était donc habituel que tout leader apprenne à ses disciples comment prier. Prenons cet exemple : un professeur est déclaré capable d'enseigner parce qu'on estime qu'il connaît plus que ses élèves. Un maître qui ne sait rien ne peut donc rien donner. Jésus dit donc : « Quand vous priez, dites : Père ! Que ton nom soit sanctifié ; que ton règne vienne. Donne-nous chaque jour notre pain quotidien ; pardonne-nous nos péchés, car nous aussi nous pardonnons à quiconque nous offense ; et ne nous induis pas en tentation. »

Retenons donc que Jésus-Christ est venu nous enseigner la nature de la communication avec Dieu. Si Jésus-Christ est le chemin, il doit donc nous montrer comment le suivre.

Pour conclure, je voudrais dire que lorsque nous adressons notre prière à Dieu, cela ne signifie pas la même chose que lorsque Jésus-Christ prie. Ta prière signifie communication spirituelle avec Dieu, mais la prière de Jésus-Christ signifie commandement.

EST-CE QUE JESUS AVAIT DIT QU'IL ETAIT DIEU ?

Peut-être pas directement, mais il existe des versets où Jésus-Christ se proclame Dieu. Cependant, tout le monde n'est pas habilité à comprendre ces choses, car ce n'est ni par le sang ni par la chair que nous sommes révélés. Lisons tous ensemble la Bible, et nous ferons une conclusion ensemble. Comme je l'ai dit précédemment, je ne dirai pas des choses que j'ai vues ou entendues, mais je dirai ce que le Seigneur m'inspire à travers des versets bibliques. Commençons par ce verset :

« Jésus leur parla de nouveau et dit : Je suis la lumière du monde ; celui qui me suit ne marchera pas dans les ténèbres, mais il aura la lumière de la vie. » (Jean 8 :12).

Si nous revenons un peu en arrière dans (Jean 1 :3-4) : « Toutes choses ont été faites par elle, et rien de ce qui a été fait n'a été fait sans elle. En elle était la vie, et la vie était la lumière des hommes. »

Ce verset nous parle de la Parole qui était Dieu ; en elle était la vie, et la vie était la lumière des hommes. Nous comprendrons que Jean parle de la Parole qui était Dieu, et Jésus-Christ dit : « Je suis la lumière du monde. » Or, le monde symbolise les hommes, comme le montre (Jean 3 :16) : « Car Dieu a tant aimé le monde (les hommes) », ce qui constitue une déclaration solennelle de sa divinité.

Lisons encore : « Puis il leur dit : Le sabbat a été fait pour l'homme, et non l'homme pour le sabbat, de sorte que le Fils de l'homme est maître même du sabbat. » Ce verset est aussi une preuve que Jésus-Christ se déclare Dieu. Comprenons ceci : dans l'ancien temps, le maître du sabbat est reconnu de tous comme étant Dieu le Créateur.

Qu'est-ce que le sabbat ? C'est un jour de repos hebdomadaire consacré à Dieu, qui est une obligation stricte selon la loi mosaïque (définition de Google). Nous savons tous que c'est une journée dont Dieu est le seul maître. Quand on parle du Fils de l'homme dans la Bible, on parle de Jésus-Christ. Selon la loi mosaïque, il était interdit de faire des miracles le jour du sabbat, mais même ce jour-là, Jésus-Christ effectuait des miracles, ce qui scandalisa les gens.

Il faut comprendre que si le sabbat a été institué pour Dieu, alors, si lui-même se trouve sur terre et qu'il rencontre quelqu'un de malade le jour du sabbat, ne peut-il pas le guérir ? Bien sûr qu'il le fera, car il est lui-même le maître du sabbat. Voilà pourquoi Jésus-Christ faisait des miracles les jours du sabbat : il était maître du sabbat (Dieu).

Il déclare donc en disant que le maître du sabbat, qui est Dieu, est lui-même le Fils de l'homme, dont Jésus-Christ… Le Fils de l'homme (Jésus-Christ) est maître même du sabbat (Dieu). Une déclaration, une fois de plus, de sa divinité. Prenez juste le temps de bien lire les versets proposés ici. Nous n'allons pas nous arrêter là. Lisons encore ceci : « Moi et le Père nous sommes un. » (Jean 10 :30).

En lisant, nous pouvons tous croire que c'est une déclaration très simple, n'est-ce pas ? Mais il y a un détail important à prendre en compte : c'est la réaction des personnes qui ont reçu ce message. Lorsque Jésus a dit : « Moi et le Père nous sommes un », les Juifs ont pris des pierres pour le lapider. Jésus leur dit : « Je vous ai fait voir plusieurs bonnes œuvres venant de mon Père : pour laquelle me lapidez-vous ? » (Jean 10 :32).

Écoutez bien la réponse des Juifs, qui prouve à suffisance que Jésus était Dieu. Il n'a pas dit qu'il était Dieu ; il a dit : « Moi et le Père nous sommes un. » Les Juifs lui répondirent : « Ce n'est point pour une bonne œuvre que nous te lapidons, mais pour un blasphème, et parce que toi, qui es un homme, tu te fais Dieu. » (Jean 10 :33).

Nous venons de lire ce verset. Dites-moi, à quel moment Jésus-Christ se fait-il DIEU ? Comprenons ceci : les

Juifs étaient des personnes qui connaissaient les lois et les Écritures. Parmi eux, il y avait même des spécialistes. Ils ont vite compris le langage que Jésus-Christ a utilisé, qu'il s'agissait d'une déclaration de sa divinité. Sinon, pourquoi voudraient-ils le tuer s'ils n'avaient pas compris le fond du message ? Ils ont compris ce que Jésus-Christ voulait dire par « Moi et le Père nous sommes un » ; c'était une manière de dire : « Je suis Dieu. »

Encore une fois, voici une déclaration que Jésus-Christ était Dieu. Continuons avec d'autres preuves de sa divinité. Lisons encore : « En vérité, en vérité, je vous le dis, avant qu'Abraham fût, je suis. » (Jean 8 :58).

Cette déclaration a encore choqué les Juifs, qui ont encore pris des pierres pour le lapider. Ils disaient qu'il n'avait même pas 50 ans, comment pouvait-il avoir vu Abraham ? C'est là que Jésus-Christ leur a déclaré qu'il était déjà là avant Abraham. Si donc il fut, où était-il ? C'est encore là une déclaration de sa divinité. Pourquoi n'a-t-il pas dit : « Avant qu'Abraham fût, je fus » ? C'est pour la concordance des temps, car il y a le subjonctif imparfait (fût) avec le passé simple (fus).

Alors, si Jésus-Christ avait utilisé le passé simple « fus », il aurait été soumis au temps. C'était une manière claire de dire qu'il existait avant le temps. Voilà pourquoi il a préféré dire « Je suis ». Or, si vous vous souvenez dans (Exode 3 :14) où Dieu dit à Moïse : « Je suis celui qui suis. » Et il ajoute : « C'est ainsi que tu répondras aux enfants d'Israël : Celui qui s'appelle 'Je suis' m'a envoyé vers vous. »

Vous allez comprendre qu'en lisant Exode, l'unique personne qui n'est pas soumise au temps, c'est Dieu, car il dit à Moïse : « Va dire aux enfants d'Israël que celui qui s'appelle 'Je suis' m'a envoyé vers vous. » Dieu n'est pas soumis au temps chronos ; il vit en dehors du temps. Voilà pourquoi il est, justifiant ainsi sa présence dans le passé, le présent et le futur.

Lorsque Jésus-Christ dit : « Avant qu'Abraham fût, je suis », c'est une déclaration de sa divinité pour nous faire comprendre qu'il n'a jamais été conditionné au temps chronos. Lisons encore un verset qui va bien nous faire comprendre que Jésus-Christ a été présent avant la création : « Jésus leur dit : Je voyais Satan tomber du ciel comme un éclair. » (Luc 10 :18).

C'est encore une affirmation qu'il a vécu avant Abraham ; pendant que Jésus-Christ voyait le diable tomber du ciel, Abraham n'existait même pas.

Jésus leur dit : « Comment dit-on que le Christ est fils de David ? David lui-même dit dans le livre des Psaumes : Le Seigneur a dit à mon Seigneur : Assieds-toi à ma droite, jusqu'à ce que je fasse de tes ennemis ton marchepied. David donc l'appelle Seigneur ; comment est-il son fils ? » (Luc 20 :41-44).

Pour bien comprendre ce verset, Jésus-Christ dément un fait. Beaucoup l'appellent fils de David, mais il dit que si lui-même, David, appelle Jésus-Christ Seigneur, comment pourrait-il encore être son fils ? C'était encore une autre déclaration qu'il est plus que David, car il est le Seigneur de David.

Lisons encore ce verset pour mieux comprendre. Il faut savoir qu'il y a des déclarations que Jésus-Christ faisait qu'aucun prophète n'a dites avant et après lui, aucun humain n'a prononcées avant ou après lui. Par exemple, ce verset : « Thomas lui dit : Seigneur, nous ne savons où tu vas ; comment pouvons-nous en savoir le chemin ? Jésus lui dit : Je suis le chemin, la vérité, et la vie. Nul ne vient au Père que par moi. » (Jean 14 :5-6).

Pourquoi Jésus-Christ dit-il « Je suis le chemin » ? Pour comprendre cela, revenons un peu en arrière, dans le jardin d'Éden, lorsque l'homme a été chassé du jardin. Dieu avait envoyé un ange pour bloquer le chemin qui mène à l'arbre de vie. Lisons : « C'est ainsi qu'il chassa Adam ; et il mit à l'orient du jardin d'Éden les chérubins qui agitent une épée flamboyante, pour garder le chemin de l'arbre de vie. » (Genèse 3 :24).

Les anges gardent le chemin qui mène à la vie. Je vous avais dit tout au début que Jésus-Christ est venu pour donner à l'homme l'accès à la vie éternelle qu'il avait perdue. Mais comment y parvenir si les anges gardent le chemin ? Voilà pourquoi Jésus-Christ, qui est le chemin, est venu à nous afin que quiconque le suit ne périsse point, mais qu'il ait la vie éternelle. J'espère que vous avez compris pourquoi il dit être le chemin.

Pourquoi Jésus-Christ dit-il « Je suis la vérité » ? Essayons encore de revenir en arrière, toujours dans le jardin d'Éden, pour comprendre cela. Souvenez-vous que le mal est entré dans le monde à cause du mensonge. Le diable (Lucifer) avait utilisé le mensonge pour corrompre l'homme et le pousser à désobéir à Dieu. Puisque l'homme a prêté oreille au diable et que le mensonge a amené le désastre dans le monde, alors si Jésus-Christ dit « Je suis la vérité », il veut dire que si prêter oreille au mensonge a conduit à la mort, alors celui qui prête oreille à moi, qui suis la vérité, vivra. Nous devons donc comprendre que le mensonge est l'absence de la vérité. Voici donc dans le monde la présence de la vérité qui donne la vie. Je crois que vous venez de comprendre pourquoi Jésus-Christ est la vérité.

Pourquoi Jésus-Christ dit-il « Je suis la vie » ? Toujours en revenant en arrière, nous voyons qu'après qu'Adam ait péché devant Dieu, l'accès à la vie éternelle (zoé) n'était plus possible. Il a donc fallu que quelqu'un nous la ramène, voilà pourquoi il déclare qu'il est la vie. La preuve en est que Jésus dit : « En vérité, en vérité, je vous le dis, si quelqu'un garde ma parole, il ne verra jamais la mort. » (Jean 8 :51).

La preuve que Jésus-Christ possède en lui la vie éternelle (zoé) est que toute personne qui le suivra ne verra pas la mort. Or, de quelle mort parle-t-il ? Il s'agit de la mort de l'esprit, la seconde mort. Lisons : « Que celui qui a des oreilles entende ce que l'Esprit dit aux Églises : Celui qui vaincra n'aura pas à souffrir la seconde mort. » (Apocalypse 2 :11).

Après cela, Jésus-Christ va dire : « Nul ne vient au Père que par moi. » (Jean 14 :6). Et ensuite, il dit : « Si vous me connaissiez, vous connaîtriez aussi mon Père. Et dès maintenant, vous le connaissez et vous l'avez vu. » (Jean 14 :7).

Si le Père que Jésus-Christ présente était au ciel et lui sur la terre, il aurait dit « nul ne va au Père que par moi », ce qui aurait pu indiquer qu'il fait office d'intermédiaire entre Dieu et les hommes. Cependant, il déclare « nul ne vient », ce qui signifie qu'il parle de lui-même. Cela souligne qu'il est aussi le Père, donc Dieu. Il enchaîne en disant que nous n'arrivons pas à connaître le Père parce que nous ne connaissons pas le Fils, donc Jésus-Christ. Ainsi, il précise que si vous me connaissiez, vous connaîtriez aussi le Père, et désormais vous le connaissez et vous l'avez vu. Jésus-Christ parle de lui-même, car celui que l'on voit et que l'on a connu nous permet de connaître Dieu. Cela constitue, encore une fois, une affirmation de sa divinité.

J'espère que nous avons tous compris ce verset qui dit : « Je suis le chemin, la vérité et la vie. » Nous ne nous arrêterons pas ici, chers chrétiens du monde entier ; les preuves continuent.

Un jour, un des disciples de Jésus-Christ avait une préoccupation : celle de voir le Père, car Jésus-Christ parlait tout le temps du Père. Après avoir entendu tant parler du Père, Philippe dit à Jésus-Christ : « Montre-nous le Père, cela nous suffit. » Je rappelle qu'il voulait voir le Père et non Jésus-Christ. Écoutez maintenant la réponse de Jésus-Christ pour comprendre une chose : « Jésus lui dit : Il y a si longtemps que je suis avec vous, et tu ne m'as pas connu, Philippe ! Celui qui m'a vu a vu le Père ; comment dis-tu : Montre-nous le Père ? » (Jean 14 :9).

Jésus-Christ vient d'affirmer qu'il était le Père que Philippe voulait voir. Mes frères et sœurs, tout ce que nous écrivons est pour que chacun de nous ne soit plus dans la confusion concernant la nature de Jésus-Christ. Nous sommes des chrétiens et non des pharisiens ou des Juifs qui voulaient lapider Jésus-Christ. Nous devons défendre notre relation avec lui partout dans le monde. Après la lecture de ce livre, je vous demande de parler de Jésus-Christ sur vos réseaux sociaux, de le mentionner dans le bus. Si quelqu'un manque de connaissance sur Jésus-Christ, aidez cette personne à comprendre, car dans le livre, il y a suffisamment de versets et d'explications pour convaincre quelqu'un de croire en Jésus-Christ de Nazareth.

Nous ne nous arrêterons pas ici ; procédons avec une autre preuve. Lisons encore ce verset : « Dites à ceux qui ont le cœur troublé : Prenez courage, ne craignez point ; Voici votre Dieu, la vengeance viendra, la rétribution de Dieu ; Il viendra lui-même, et vous sauvera. Alors s'ouvriront les yeux des aveugles, les oreilles des sourds s'ouvriront ; Alors le boiteux sautera comme un cerf, et la langue du muet éclatera de joie. Car des eaux jailliront dans le désert, et des ruisseaux dans la solitude. » (Esaïe 35 :4-6).

C'est une prophétie du prophète Esaïe où Dieu a promis à son peuple de descendre lui-même pour le sauver. Cela justifie déjà le nom que l'ange avait donné à Marie : « Jésus » (ce qui signifie « Dieu sauve »), une promesse déjà annoncée dans la prophétie. Il y a également des signes qui permettront aux hommes de reconnaître que celui qui viendra est Dieu. Écoutez ce que la Bible dit : « Les aveugles verront, les sourds entendront, les boiteux marcheront. » Ces miracles étaient les signes indiquant que Dieu était venu visiter son peuple.

Cependant, en lisant la Bible, je suis tombé sur un verset du Nouveau Testament. Lisons : « Es-tu celui qui doit venir, ou devons-nous en attendre un autre ? » Jésus leur répondit : « Allez rapporter à Jean ce que vous entendez et ce que vous voyez : Les aveugles voient, les boiteux marchent, les lépreux sont purifiés, les sourds entendent, les morts ressuscitent, et la bonne nouvelle est annoncée aux pauvres. » (Matthieu 11 :3-5)

Est-ce que ce verset vous dit quelque chose ? Essayons de comprendre ensemble. Nous venons de lire un verset du livre d'Esaïe qui nous montre que Dieu a promis de descendre, mais qu'il y aura des signes qui l'accompagneront. Bizarrement, Jean-Baptiste, après que Jésus-Christ soit venu, a envoyé des disciples lui demander : « Es-tu celui qui doit venir ou devons-nous en attendre un autre ? » Ce qui a réjoui mon cœur, c'est la réponse de Jésus-Christ : il n'a pas affirmé directement qu'il l'était, mais il a simplement donné des signes qui devraient accompagner la venue de Dieu sur terre. Il dit : « Allez dire à Jean ce que vous voyez : Les aveugles voient, les boiteux marchent, les lépreux sont purifiés, les sourds entendent, les morts ressuscitent. » Tout ce que Jésus-Christ vient de mentionner était déjà dit dans la prophétie, car ce sont les signes devant prouver que Dieu est descendu.

Donc, lorsqu'il répond à Jean par ces signes, il lui confirme que ceux-ci accompagneront celui qui doit venir.

Bien-aimés, si vous cherchez ces choses dans des écoles théologiques, vous ne les trouverez pas, car ce sont des révélations que Dieu a décidées pour que toi et moi soyons convaincus de la divinité de Jésus-Christ.

Très chers chrétiens, croyez que Jésus-Christ est le Dieu qui devait descendre sur terre afin de bénir son peuple et de le sauver du mal, afin que, toi et moi, après notre mort, puissions vivre éternellement.

Continuons avec des preuves que Jésus-Christ est Dieu. Lisons :

« Il est l'image du Dieu invisible, le premier-né de toute la création. Car en lui ont été créées toutes les choses qui sont dans les cieux et sur la terre, les visibles et les invisibles, trônes, dignités, dominations, autorités. Tout a été créé par lui et pour lui. Il est avant toutes choses, et toutes choses subsistent en lui. Il est la tête du corps de l'Église ; il est le commencement, le premier-né d'entre les morts, afin d'être en tout le premier. Car Dieu a voulu que toute plénitude habitât en lui ; il a voulu par lui réconcilier tout avec lui-même, tant ce qui est sur la terre que ce qui est dans les cieux, en faisant la paix par lui, par le sang de sa croix. » (Colossiens 1 :15-20)

Oh, béni soit celui qui nous a révélé ces choses ! Quel verset magnifique, bien-aimés de Dieu !

« Il est l'image du Dieu invisible » : Oui, parce que Dieu avait pris une chair humaine pour descendre. Voilà pourquoi Jésus-Christ, en chair, disait toujours : « Le Père est en moi », car l'enveloppe qui est le corps représente ce qui est à l'intérieur.

« Le premier-né de toute la création » : Au commencement, Dieu cria les cieux et la terre. Donc, il est le premier à exister avant la création. Avant qu'Abraham fût, je suis. Il est l'Ancien de jours ; il a existé avant tout sur terre.

« Car en lui ont été créées toutes les choses » : Oui, dans Jean 1 :3, il est dit : « Toutes choses ont été faites par elle, et rien de ce qui a été fait n'a été fait sans elle. » C'est cette Parole qui a pris chair, comme le mentionne le verset 14 de Jean 1, qui est Jésus-Christ. Il a tout créé : cieux, terre, mer, tout ce qui existe, car Jésus-Christ de Nazareth est Dieu, le Créateur, le Tout-Puissant, le Père éternel.

Toute la domination de la terre a été créée par lui et pour lui, le Dieu puissant, le commencement et la fin.

« Il est la tête du corps de l'Église » : Oui, Jésus a dit : « Et moi, je te dis que tu es Pierre, et que sur cette pierre je bâtirai mon Église, et que les portes du séjour des morts ne prévaudront point contre elle. » (Matthieu 16 :18) Donc, Jésus-Christ est le propriétaire de l'église.

Bien-aimé, si tu ne crois pas encore qu'il est Dieu, tu te fais du tort. Accepte Jésus-Christ, car en lui habite toute la plénitude de la divinité ; en lui réside la semence de la vie éternelle. Celui qui accepte de le suivre ne verra pas la seconde mort. Bien-aimé, la fin du monde est réelle, la mort existe. Il est presque temps que tu accepts Jésus-Christ, car il est le mystère dans lequel sont cachés tous les trésors de la sagesse et de la science.

Continuons avec ce verset : « Car en lui habite corporellement toute la plénitude de la divinité. Vous avez tout pleinement en lui, qui est le chef de toute domination et de toute autorité. » (Colossiens 2 :9-10)

Aucune déclaration semblable n'a jamais été faite par un prophète ou un humain. Jésus-Christ, en lui, habite toute la plénitude de la divinité. Si Jésus-Christ était un simple prophète, Dieu lui aurait-il donné toute la plénitude de la divinité ? Si tel était le cas, Moïse devrait être complet de la plénitude de la divinité, tout comme Élie, Élisée, Isaïe ou Jérémie. Mais toutes ces personnes, considérées comme des prophètes majeurs, ont annoncé la venue d'une personne, et la prophétie a trouvé son accomplissement en Jésus-Christ, Dieu incarné. En lui habite corporellement toute la plénitude de la divinité, et celui qui peut être le chef de toute domination est seulement celui qui a tout créé par lui et pour lui.

Jésus-Christ a dit : « Si vous croyiez à Moïse, vous me croiriez aussi, parce que Moïse a écrit de moi. » Waouh ! Seigneur, sois béni ! Merci de cacher ces choses aux sages et de vouloir les révéler à quelqu'un comme moi, cendre et poussière que je suis !

« Car si vous croyez à Moïse, vous me croirez aussi, parce qu'il a écrit de moi. Mais si vous ne croyez pas à ses écrits, comment croirez-vous à mes paroles ? » (Jean 5 :46-47)

Autrement dit, tout ce que Moïse vous a écrit, c'est moi qui lui ai dit de vous l'écrire, car lui-même Moïse a écrit de moi. Oh ! Bien-aimés, appliquez votre cœur à la lecture de la Bible, et le Seigneur parlera à votre âme du jour au lendemain. Il y a tant de choses magnifiques dans les Écritures. Chers tous, l'Ancien Testament ne parle que de Jésus-Christ ; il est le socle même de l'univers, le commencement et la fin.

Sur cette terre, aucun humain n'a le pouvoir de pardonner les péchés et de purifier la souillure. Nous avons pourtant vu plusieurs fois Jésus-Christ dire : « Tes péchés te sont pardonnés. » En réalité, quand Jésus-Christ dit cela, cela ne se limite pas simplement au pardon, mais cela inclut aussi la purification de la souillure. Lisons :

« Jésus, voyant leur foi, dit au paralytique : Mon enfant, tes péchés sont pardonnés. Il y avait là quelques scribes, qui étaient assis et qui se disaient en eux-mêmes : Comment cet homme parle-t-il ainsi ? Il blasphème. Qui peut pardonner les péchés, si ce n'est Dieu seul ? » (Marc 2 :5-6)

Eux-mêmes reconnaissent que nul ne peut prétendre être capable de pardonner les péchés, mais nous avons vu

Jésus-Christ le faire. Aucun homme, ni prophète, n'a parlé ainsi avant ou après Jésus-Christ.

La dimension la plus élevée du pardon consiste à ôter la souillure, une dimension que seul Dieu est capable d'assurer. Voilà pourquoi Jean présente Jésus-Christ comme l'Agneau qui ôte les péchés du monde :

« Le lendemain, il vit Jésus venant à lui et il dit : Voici l'Agneau de Dieu, qui ôte le péché du monde. C'est celui dont j'ai dit : Après moi vient un homme qui m'a précédé, car il était avant moi. » (Jean 1 :29-30)

C'est Jean qui est né avant Jésus-Christ, mais qu'est-ce qu'il dit ? Il était avant moi, comme pour dire qu'il existe avant le temps car il a créé tout en lui et pour lui. Jésus-Christ vit au-dessus du temps. Tout cela pour vous faire comprendre que Jésus-Christ était Dieu. Un jour, Jean voulait baptiser Jésus-Christ, mais il ne voulait pas le faire parce qu'il se retrouvait devant son Dieu et se sentait moindre. Jésus-Christ lui a dit : « Laisse faire, afin que l'Écriture soit accomplie. » Certaines actions de Jésus-Christ étaient donc destinées à réaliser la prophétie de ces prophètes qui l'ont annoncée.

« Mais Jean s'y opposait, en disant : C'est moi qui ai besoin d'être baptisé par toi, et tu viens à moi ! Jésus lui répondit : Laisse faire maintenant, car il est convenable que nous accomplissions ainsi tout ce qui est juste. Et Jean ne lui résista plus. » (Matthieu 3 :14-15)

Que la grâce et la paix du Seigneur Jésus-Christ vous soient accordées, peu importe où vous lisez ce livre.

Ni l'amour de Dieu pour l'humanité n'aurait pu être exprimé si personne parmi nous ne pouvait vivre au paradis. Mais, grâce à l'intensité de son amour envers nous, il a choisi de descendre et de se laisser humilié par sa création. Il n'a pas regardé son trône afin que toi et moi puissions être sauvés.

Si tu n'as pas encore reçu Jésus-Christ, c'est le moment parfait de le faire avec un cœur pur, afin d'avoir part à la vie éternelle manifestée en Jésus-Christ de Nazareth.

Proclame Jésus-Christ avec fierté, car tu as ta place dans le royaume de Dieu. Que les paroles de ce livre soient proclamées à haute voix sur vos réseaux sociaux et partout ailleurs : au travail, à l'école, dans les transports en commun.

Ce livre est le volume 1 ; nous ne pourrons pas tout écrire car notre connaissance et notre relation sont progressives. Je souhaite relever le défi d'écrire le volume 2 de ce livre avec toi. Une grille te sera proposée à la fin de ce livre, afin que tu puisses y inscrire tout ce que tu as compris en le lisant ou ce que tu as déjà compris sur la divinité de Jésus-Christ en consultant ta Bible. Nos adresses seront mentionnées en bas de la grille, afin qu'après avoir écrit, tu puisses nous faire parvenir tes réflexions. Ainsi, ton nom sera mentionné parmi ceux qui ont apporté une pierre au corps du Christ. Ne laissons pas de place aux satanistes pour venir nous convaincre.

LE RÔLE DU SAINT-ESPRIT DANS LA DIVINITÉ DE JESUS-CHRIST

Le Saint-Esprit joue un rôle crucial dans la compréhension de la divinité de Jésus-Christ, illustrant ainsi la relation unique au sein de la Trinité : le Père, le Fils et le Saint-Esprit.

Voici les principaux aspects à considérer :

1. Conception de Jésus :

La première mention significative du Saint-Esprit en relation avec Jésus se trouve dans l'incarnation. Dans l'Évangile selon Matthieu, l'ange a annoncé à Joseph que Marie concevrait par le Saint-Esprit :

« Elle aura un fils, et tu lui donneras le nom de Jésus, car c'est lui qui sauvera son peuple de ses péchés. » (Matthieu 1:21)

Cette conception virginale met en lumière l'intervention directe du Saint-Esprit, soulignant que Jésus n'est pas simplement un homme, mais aussi le Fils de Dieu, né par l'action divine.

2. Ministère terrestre de Jésus :

Tout au long de son ministère, Jésus a été guidé, rempli et habilité par le Saint-Esprit. Dès son baptême, lorsque le Saint-Esprit descendit sur lui sous la forme d'une colombe, il fut sanctifié pour sa mission (Matthieu 3:16). Ce moment public marque le début de son ministère, affirmant que Jésus, bien qu'étant Dieu, opérait de manière humaine, dépendant du Saint-Esprit pour l'autorité et le pouvoir de ses actions.

3. Miracles et enseignements :

Les miracles accomplis par Jésus, tels que la guérison des malades et la résurrection des morts, témoignent de la puissance du Saint-Esprit à l'œuvre en lui. Jésus a clairement souligné cette relation lorsqu'il a expliqué que c'est par le doigt de Dieu (l'Esprit) qu'il chasse les démons (Luc 11:20).

4. Résurrection de Jésus :

La résurrection de Jésus est également attribuée au Saint-Esprit. Dans Romains 8:11, il est écrit : « Et si l'Esprit de celui qui a ressuscité Jésus d'entre les morts habite en vous, celui qui a ressuscité Christ d'entre les morts vivifiera aussi vos corps mortels par son Esprit qui habite en vous. » Le Saint-

Esprit, en tant que force divine, est ainsi impliqué dans cette victoire sur la mort, confirmant la divinité de Jésus-Christ.

5. Le Saint-Esprit après l'ascension :

Après l'ascension de Jésus, le Saint-Esprit a été envoyé pour être le Consolateur (Jean 14:16). Cela illustre que la même puissance qui a soutenu Jésus pendant son ministère continue d'œuvrer dans les croyants. En étant rempli du Saint-Esprit, les disciples ont reçu le pouvoir d'annoncer l'Évangile avec assurance, témoignant à nouveau de la divinité de Jésus-Christ et de son influence dans le monde.

6. Le Saint-Esprit et la révélation :

Le Saint-Esprit joue également un rôle clé dans la révélation de la vérité concernant la personne et l'œuvre de Jésus-Christ. Selon Jean 16:13, le Saint-Esprit « guide vers toute la vérité » et rappelle aux croyants tout ce que Jésus a dit. Cela signifie que le Saint-Esprit aide les chrétiens à comprendre et à vivre la réalité de la divinité de Christ dans leur vie quotidienne.

Le Saint-Esprit est essentiel pour comprendre la réalité de Jésus en tant que Dieu incarné et Fils de Dieu. Par son action dans la conception, le ministère, la résurrection, et la continuation de l'œuvre de Dieu dans le monde, le Saint-Esprit souligne l'unité et la diversité au sein de la Trinité. En reconnaissant le rôle du Saint-Esprit, les croyants peuvent mieux saisir l'importance de Jésus-Christ dans leur foi et leur vie.

CONCLUSION

En parcourant les différents chapitres de ce livre, nous avons exploré la question profonde et fondamentale de la nature de Jésus-Christ. Que ce soit à travers les prophéties anciennes, l'accomplissement des Écritures, ou les témoignages directs de sa vie et de son ministère, une vérité s'impose : Jésus-Christ est à la fois pleinement Dieu et pleinement homme, incarnant ainsi le mystère de la Trinité.

Nous avons vu comment la Parole, qui était avec Dieu et qui était Dieu (Jean 1:1), s'est faite chair pour vivre parmi nous. Sa naissance miraculeuse, annoncée par les prophètes, ainsi que l'adoration des mages, témoignent de sa divinité et de sa mission divine. En appelant Jésus le Fils de Dieu, nous reconnaissons non seulement sa relation unique avec le Père, mais aussi son rôle central dans le plan de salut pour l'humanité.

La prière de Jésus au Père nous révèle l'humanité de Christ, soulignant qu'il interagit avec Dieu non seulement comme un Fils divin mais aussi comme un homme, vivant une communion parfaite et exemplaire avec Dieu. Ses enseignements et ses actions confirment sans l'ombre d'un doute qu'il est l'Incarnation de Dieu sur terre, un point qu'il a lui-même affirmé à plusieurs reprises.

Ainsi, comprendre qui est Jésus-Christ est essentiel pour notre foi. Il est notre Sauveur, notre Seigneur, et celui qui, par son sacrifice, a ouvert la voie au salut. L'acceptation de cette vérité transforme la vie des croyants, nous appelant à une relation vivante et dynamique avec Lui.

En conclusion, Jésus-Christ n'est pas seulement un personnage historique ou un grand enseignant ; il est Dieu fait homme, venu pour révéler l'amour du Père et pour nous réconcilier avec Lui. Que ce livre soit une invitation pour chacun à approfondir cette réalité et à expérimenter la puissance transformante de Jésus-Christ dans sa vie. C'est dans cette relation personnelle que se trouve la véritable essence de notre foi chrétienne, et c'est là, au cœur de cette compréhension, que nous trouvons notre paix, notre joie et notre espérance éternelle.

RELEVONS LE DÉFI ENSEMBLE – Vol 2.

Date : ____

Verset biblique : _______________________________________

Explique-nous ta compréhension du verset : ______________

____

____

____

____

Date : ____

Verset biblique : _______________________________________

Explique-nous ta compréhension du verset : ______________

____

____

____

Date : ____

Verset biblique : _______________________________________

Explique-nous ta compréhension du verset : _______________

____

____

____

____

À toi la gloire et l'honneur, toi qui, lorsque tu parles, les montagnes fléchissent. Ta voix fait enfanter la biche, ta puissance dépouille la forêt, car tu es Dieu. Ta puissance confond les sages de ce monde, et tes bienfaits surpassent notre entendement. Tu fais toutes choses bonnes en son temps, selon ton propre vouloir, car ton autorité s'étend sur toute la terre. Tu es Dieu, tu entends le cri dans le ventre d'un poisson, tu vois les larmes aux yeux du poisson. Tu sais différencier la pluie des larmes, car seul toi connais les ingrédients utilisés pour créer l'eau et la larme.

Amen.

Printed by Books on Demand GmbH, Norderstedt / Germany